ALA DE CISNE

LUIS ALBERTO DE CUENCA

ALA DE CISNE

VISOR LIBROS

VOLUMEN MCCLXXI DE LA COLECCIÓN VISOR DE POESÍA

2ª edición, mayo 2025
3ª edición, diciembre 2025

Cubierta: Miguel Ángel Martín, 2025

Edición al cuidado de Nicole Brezin

Isaac Peral, 18 - 28015 Madrid
www.visor-libros.com

ISBN: 979-13-87745-71-4
Depósito Legal: M-9111-2025

Impreso en España - Printed in Spain
Gráficas Muriel. C/ Investigación, n.º 9. P. I. Los Olivos - 28906 Getafe (Madrid)

NOTA DEL AUTOR

Este libro reúne cuarenta y dos poemas en siete bloques de seis poemas cada uno, escritos en su mayoría entre 2022 y 2024. «Ala de Cisne» es el apodo que recibió en vida el inmenso cuentista danés Hans Christian Andersen, autor, además de otros cuentos relacionados con los cisnes, del celebérrimo *El Patito Feo.* Y en verdad que fue un auténtico patito feo el genial escritor nacido en Odense el 2 de abril de 1805 y fallecido en Copenhague el 4 de agosto de 1875. No pudo ser más desgraciado en su vida personal, por más que se hiciera famoso como creador de personajes infantiles tan populares como el Soldadito de Plomo, la Sirenita o la Reina de las Nieves, convirtiéndose en uno de los clásicos infantiles más traducidos y leídos de la literatura universal. Pero la tristeza que martirizaba desde niño su corazón, junto a una ambigüedad sexual mal gestionada, lo convirtió en un verdadero profesional del infortunio.

La relación de «Ala de Cisne» Andersen con el autor de este libro se limita a la mera elección de su título. El bibliófilo, sin embargo, debe saber que algunos de los poemas incluidos en *Ala de Cisne* formaron parte de un pequeño volumen del que se imprimieron tan solo sesenta ejemplares en febrero de 2024. Ese librito se titula *El aprendiz de Dios* y pertenece a la rarísima colección «Camaleona», dirigida por José del Río Mons y José Manuel Almeida. La idea surgió de un viaje colectivo a Israel en mayo de 2023, en el que estuvieron implicados, de una u otra manera, los siguientes nombres propios, que cito por riguroso orden alfabético: Paloma Gardoqui, Alfonso Lucini, Alicia Mariño (dedicataria del libro), Julio Martínez Mesanza, el mencionado José del Río Mons, José María Sanz Beltrán (*Loquillo* para los amigos), Carmen Serrano de Haro y Gabriel Sopeña. En Tierra Santa, pues, se gestó la publicación, aparecida unos meses más tarde, de esa *plaquette*, que ahora se ha convertido en un libro de la Colección Visor de Poesía con casi el doble de poemas y una estructura interna marcada por el número 6, guarismo cuya simbología tiene que ver con el amor, la compasión y la estabilidad. Un libro que se inscribe, una vez más, en la mítica serie que dirige desde su fundación mi buen amigo Jesús García Sánchez, más conocido como Chus Visor.

Luis Alberto de Cuenca
Madrid, 20 de marzo de 2025

Para Alicia, veinticinco años después

—Extranjero, ¿a quién amas?
¿A tu padre, a tu madre, a tus hermanos?
—Nunca he tenido padre, madre, hermanos.
—Tal vez a tus amigos… —No los tengo
tampoco. Jamás supe cómo darle
sentido a la amistad. —Quizá a tu patria…
—No sé de patria alguna. —¿A la belleza?
—Se marchita tan pronto que no da
tiempo a amarla. —¿Y al oro? —Lo odio tanto
como tú a Dios.
—¿A quién amas entonces?
—A las nubes que pasan, a las nubes
maravillosas que en el firmamento
nos regalan sus formas arbitrarias,
su libertad sin fin. Amo a las nubes
que pasan por el cielo y nos revelan
lo que somos: hilachas desprendidas
de la tela incorpórea del vacío.

BAUDELAIRE

FIRENZE, 1970

REMINISCENCIA

Llegó vestida hasta los pies, con falda
de terciopelo que dejaba al aire
su muslo izquierdo por una abertura
lateral que crecía a cada paso,
mostrando más y más, a mayor gloria
de mis ojos, y con una camisa
ribeteada de encaje, del estilo
de las que se ponía Marsillach
cuando dio vida a Sade en *Marat-Sade*.
Circulaba por nuestro dormitorio
con la misma elegancia con que Venus
debía de moverse en los saraos
que organizaba Juno en el Olimpo.
Su cuerpo discurría por la alcoba
de forma tan real que nadie hubiese
podido imaginar que era un espíritu,
la fantasía tridimensional
de un lejano recuerdo.

HUBO UNA VEZ UN TREN

Hubo una vez un tren en que dejaste
todo el amor atrás, suspendido en el aire
de la estación, disuelto entre las páginas
de los libros románticos que habías
leído en tu más tierna adolescencia.
Tenías diecinueve años entonces,
la misma edad que yo, pero yo andaba
más cerca de los veinte. Tú viniste
al mundo en primavera. Yo, en invierno.
Y el tren que te alejaba de mis brazos
te esperaba en verano, en pleno agosto,
cuando Madrid hervía en la caldera
del infierno y las calles despedían
un acre olor a fósforo incendiario
que te cortaba la respiración.
Subiste al tren, soltaste la maleta
en tu asiento y saliste a la ventana
para decirme adiós y poner punto
final a nuestra historia con un gélido
«que seas muy feliz» que resonó
en toda la ciudad como un cuchillo
de hielo en las entrañas, como un dardo
que se clava en el alma para siempre.
Y el tren se despidió de la estación

con su pitido habitual, y el cielo
se convirtió en un dédalo de lágrimas.
Y ya no volví a verte nunca más.

FIRENZE, 1970

A la memoria de Juan Antonio de Cuenca

Después de más de medio siglo, apenas
puedo reconstruir aquel pasaje
de mi vida. Tan solo se dibuja
con cierta nitidez en mi recuerdo
la imagen de un andén en la estación de Atocha
y un «se acabó» en sus labios que ponía
punto final a todo. Fue en julio del 70.

Me quedé tan perdido y desolado
que mi padre, advirtiéndolo,
me dijo que eligiera una ciudad de Europa
para pasar en ella, con él, una semana,
tratando de olvidar.
Dije «Florencia» sin dudarlo un ápice.
Allá nos fuimos. Cierto es que no pude
olvidar por completo lo ocurrido,
pero lo conseguí parcialmente. Florencia
te enamora de un modo irresistible,
aunque sin destrozarte el corazón. Su alma
cura las llagas de quien se aproxima
a su luz. No hubo iglesia ni museo
que dejásemos sin inspeccionar

gozosamente. Y ambos comulgamos
con la sagrada forma de sus calles,
que eran las calles donde mis heridas
iban cicatrizando poco a poco
merced a la alegría aristocrática
que reinaba en aquel lugar divino.

Muchas gracias, papá, por lo que hiciste
por mí, que estaba roto, hecho pedazos,
llevándome a Florencia.
Y por los *Pisan Cantos* de Ezra Pound
que en edición bilingüe me compraste
en una librería mitológica
de la Via Cavour que se llamaba
Marzocco. Y muchas gracias a Florencia,
la ciudad más hermosa que mis ojos
han visto nunca, por aligerar
aquella insoportable pesadumbre
que luego, por razones que ahora omito,
se hizo aún más amarga.

PIENSO EN TI A LA CAÍDA DE LA TARDE

Pienso en ti a la caída de la tarde.
En tus largos de experta nadadora.
En las fotos antiguas que me diste
y que guardo pegadas en un álbum,
testigo fiel de un tiempo luminoso.
En tus piernas, tu espalda, tus caderas,
cuando mis labios con amor, despacio,
las colmaban de besos eruditos
(como aquellos que Julio Herrera y Reissig
soñó en su Torre de los Panoramas).
En los grupos de sátiros y ninfas
que, impúdicos y libres, daban pábulo
a la Arcadia de nuestras sobremesas.
En la alegría con que compartimos
la victoria final de la barbarie
sobre la odiosa civilización,
basada en la mentira y en el fraude.
En un poema de John Donne muy bello
que traduje durante la pandemia
para representarlo en el teatro
de nuestras fantasías más recónditas.
En las diosas de todas las creencias
que no han dejado de guiar tus pasos
desde el Auriñaciense hasta ahora mismo

y te dictan en sueños las consignas
que luego olvidas cuando te despiertas.
En el amor que durará hasta el último
día de nuestras vidas, cuando empiece
la morfina a inyectar en nuestros cuerpos
el olvido final, definitivo.

Pienso en ti a la caída de la tarde.

SOBRE UN POEMA DE JOHN DONNE

Siendo tú mi enemiga, que lo eres,
no deseo otra cosa en esta vida
que combatir y pelear contigo.
Pero los combatientes, como en Grecia,
deben luchar desnudos. Quítate
el ceñidor que oculta, pudoroso,
la bóveda celeste de tus senos.
Y también el corsé, que tanto envidio
porque se pega a ti como si fuese
un ser vivo. Y permite que tu pelo,
desmelenado, viaje como un río
de oro hasta la cama, nuestro templo
de amor y nuestro campo de batalla.
Poco a poco, tu carne se revela
al caer tu vestido como un *deus*
ex machina al final de una tragedia
de Eurípides, como un prado florido
entre colinas suaves y redondas.
Permite que mis manos te acaricien
por detrás, por delante, arriba, abajo.
Mi América, mi tierra conquistada,
mi mina de diamantes, mi castillo
inexpugnable, mi jardín sin horas.
Feliz soy descubriéndote y gozándote,

siendo tu dueño y a la vez tu esclavo.
Donde mi mano cae, dejo mi sello.
¡Fuera esas prendas últimas! ¡Sitúate
más allá de la línea que separa
la virtud del pecado y muéstrate
como naciste, libre de abalorios!
Mírame: yo también estoy desnudo.
Para tu desnudez, ¿qué mejor sábana?

BESOS CONTRA LA MUERTE

En cada beso con sabor a trigo,
a nieve, a reunión en torno al fuego
con que condecoramos nuestros labios,
desaparece el tiempo y se despide
de nosotros por un instante eterno.

Nuestros besos alejan a la muerte
de las calles por donde caminamos,
de la alcoba feliz donde dormimos,
del libro que leemos, y nos sumen
en la efímera gloria del deseo.

Cada canción, cada suspiro, cada
palabra que acompaña en un hilillo
de voz a nuestro beso, cada mano
que se trenza con otra en el silencio
de la noche, nos salva. No te creas

que el amor acelera la mudanza
de nuestros cuerpos hacia la aventura
terrible del abismo. Cada beso
que compartimos es, de alguna forma,
la señal del edén que nos espera.

EL APRENDIZ DE DIOS

JARDÍN Y TREN ELÉCTRICO

Para mi nieto, Jaime de Cuenca y Barella

En el principio, siempre hubo un jardín.
No importa si era tuyo o del vecino,
como dice Pessoa. Un jardín con un pozo
de verdad (no el del juego de la oca,
que no es más que un trasunto de la muerte),
y con un membrillero que, al final del verano,
daba ricos membrillos, y con castaños de Indias,
y con una caseta blanca donde guardar
los útiles que usaba el jardinero.
Y, en medio del jardín, un edificio lúgubre,
cuadrado, de dos pisos idénticos, con una
escalera de piedra que llevaba a la puerta,
normalmente cerrada a cal y canto.
Dentro de aquel siniestro caserón,
que mis ojos de niño poblaban de fantasmas,
se encontraba a la izquierda del *hall* el cuarto mágico,
divino, inenarrable, donde mi padre había
instalado su tren eléctrico, su Märklin,
en un maravilloso contexto de montañas
con sus funiculares, de un lago con bañistas,
de un pueblo con su *Rathaus* y su estación de muchas
vías, donde unos trenes descansaban y otros

seguían dando vueltas al circuito,
inmaculadamente coordinados.
Allí estaba, allí estuvo la preciosa maqueta
que construyó mi padre durante tantas horas,
tantos días y tantos años, con el afán
de crear también él, no solo Dios, un mundo
en que el ferrocarril era el protagonista,
y todo funcionaba, y no había retrasos,
ni desdenes, ni angustias, ni ese terrible pánico
que siembra el desconsuelo de saberse finito.
La habitación del tren era un salvoconducto
para viajar tranquilo por el país en guerra
que es, siempre, la existencia.
                                        Pero el tiempo pasó
y comenzó a cantar su canción de exterminio,
y ni el jardín ni el cuarto donde reinaba el tren
lograron escapar de su letal abrazo.
Hoy solo son recuerdos de una infancia feliz.

EL POZO DE LOS DESEOS

Cada verano había un pozo dentro
del jardín de las casas de campo. No cambiaba
su aspecto externo. Lo que sí cambiaba
era nuestra mirada, que no miraba igual
si tenías seis, siete, doce o catorce años.
A los seis, cuando empiezan los terrores nocturnos
a turbar nuestra mente, era el pozo un horror
que sembraba siniestras pesadillas en nuestra
indefensión, preludio de la angustia
que vendría después, cuando el pozo del huerto
se convirtió en casilla del juego de la oca,
la casilla maldita donde nadie quería
caer, pues si caías dejabas de jugar
hasta que otro cayera en la misma casilla
y asumiera la suerte del que había caído
primero en ese pozo. Pero la adolescencia,
con ser harto penosa, recuperaba el pozo
como lugar proclive a formular deseos
desde el brocal, que ahora era una puerta
a la aventura en vez de un acceso al infierno.
Y eso es lo que veíamos los chicos y las chicas
de once a catorce años, que habíamos leído
ya todos los tebeos del mundo y los relatos
de gente como Dumas, Salgari o Conan Doyle,

y andábamos buscando de noche las siluetas
de fantasmas y zombis para deleite propio
y de nuestros amigos.
                                        Yo también tuve un pozo
en la casa de campo donde veraneábamos.
Me producía pánico investigar cuál era
la hondura de ese pozo, que en mi imaginación
no se acababa nunca. Pero crecí, y el pozo
no era ya el de la oca que tanto me aterraba,
sino un lugar idóneo para pedir deseos.

Hoy, cuando veo un pozo, me acojo a esa costumbre
y puedo aseguraros que alguno se me cumple.

EL APRENDIZ DE DIOS

Cuando Él puso los cielos en el éter,
yo estaba junto a Él.
Con Él estaba cuando diseñó los océanos,
y cuando colocó las nubes en lo alto,
y cuando hizo brotar las fuentes del abismo,
y cuando impuso límites al mar para que el agua
no inundara la tierra.
Yo estaba junto a Él como mero aprendiz,
pero Él me quería, me sentaba a su lado
como si fuera el hijo que perdió,
me concedía todos los caprichos,
yo era su alegría cotidiana.
Me veía jugar con las estrellas
y se le dibujaba una sonrisa
benévola en el rostro,
y en uno de esos estremecimientos
que mi alegría le proporcionaba,
llegó incluso a pensar alguna vez
en desterrar la muerte y el dolor de los mundos
que Él mismo había creado.

RELEER

He vuelto a sumergirme en la lectura
de los libros de siempre, de mis libros
favoritos, aquellos que me hicieron
feliz y que jamás me defraudaron.
Cuántas lecturas de los mismos libros
a través de las últimas seis décadas…
Recordar cada *plot*, cada escenario,
las citas memorables, las anécdotas
que funden su lectura con la vida…
Algo tan milagroso para mí
como que Arit pudiera regresar
del país de los muertos.
Sienta bien releer. Me gustaría
tener tiempo de hacerlo varias veces
antes de rendir cuentas ante Anubis
y compañía (buena gente todos).
Un año consagrado a Homero y Shakespeare.
Otro año a Potocki y Valle-Inclán.
Otro a Jack London, Stevenson y Borges.
Un cuarto dedicado íntegramente
a releer tebeos: los tomazos
de *Pinocho* que fueron de mis padres,
Krazy Kat, *Little Nemo*, *Thimble Theatre*,
los *Tarzanes* de Foster y de Hogarth…

Cuatro años pido para releer
los viejos libros de mi juventud.
Y cuando pasen esos cuatro años
pediré a la divina Providencia
otros cuatro, a la espera de que Anubis
entre en mi habitación (a ser posible,
mientras yo esté dormido)
y me conduzca al reino de los libros
que no pueden leerse ni releerse
porque tienen las páginas en blanco.

PRONTO AMANECERÁ

Al despuntar el día, con las primeras luces
del alba, llegará el temido momento
de la separación. Abrazaré tu cuerpo
desesperadamente, te besaré mil veces,
entornando los ojos para no ver tu rostro
cegado por las lágrimas, y tendré que partir
al frente de batalla, donde las armas dictan
su mensaje de muerte y destrucción.
Tú piensa
en los tiempos felices en que el mundo bailaba
al son de nuestro amor, cuando nos conocimos.
Volveré si consigo sobrevivir. Si muero,
moriré recordándote. No me olvides tú nunca.

EL JINETE MELANCÓLICO

Al bajar del caballo le ofrecí
una copa de vino. Era la copa
de nuestra despedida. (La penúltima
copa, nunca la última. Parece
indecoroso hablar de última copa
cuando va a ser la última de veras).
Después le pregunté por su destino,
por las tierras que ahora lo atraían.
«Huyo del mundo en general: del norte
y del sur, y del este, y del oeste.
Tres hermanos de sangre me acompañan:
la ansiedad, la tristeza y el desánimo».
Bebió dos copas más. Tenía fiebre.
La fiebre del que va a ninguna parte
o ha visto arder el mar, la fiebre antigua
del poseído o del desheredado.
Y caballo y jinete se perdieron
en lontananza, envueltos en el polvo
que el caballo a su paso levantaba.

NOCHE DE REYES

LADY KRYPTON

Hay algo tan ardiente y tan explícito
en tu mirada que hasta las estrellas
se rinden ante el brillo de tus ojos,
y hasta los propios ángeles rebeldes
se ponen colorados de vergüenza
por ti, que fuiste siempre de su tribu,
aunque no bailes ya su misma danza.
Brillan tanto tus ojos que no hay tiempo
de apagar tanto fuego reunido
ni en un billón de encuentros amorosos.
Cuando miras así, no hay kryptonita
que debilite tu naturaleza
o modere la urgencia del afán
que te atormenta. Si tú vibras, vibra
contigo el universo, el microcosmos
se vuelve macrocosmos y perturba
el orden que gobierna las esferas.

Dame un poco del fuego que te sobra
para encender la noche de mi vida
y aliviar con las llamas de tus ojos
tanto hielo en el alma, tanto frío.

EL REGRESO DEL HADA

Has tripulado un coche viejo y sabio
a doscientos kilómetros por hora
por una carretera vecinal
que conducía al bosque tremebundo
donde viven las lamias y los ogros.
Y solo te ha salvado tu pericia
al volante y tus ganas de volver.
Y has vuelto con los huesos en su sitio,
fundida con la máquina, orgullosa
de haber visto en tu viaje cosas raras
que nadie ha visto nunca, mientras ibas
acercándote al reino de los cuentos,
donde tienes tu casa. Y he salido
a recibirte, como hacía siempre
que volvías de viaje, y has borrado
mis temores con una gran sonrisa
que ha colmado de hogueras el crepúsculo.
Y nos hemos besado con el *copyright*
de William Heise en el 96
del siglo XIX, que es el beso
más antiguo del cine. Y me has contado
lo difícil que ha sido no morirte
a doscientos por hora y eludiendo
a los monstruos de turno, que surgían

a millares por todos los rincones.
Y tú hablabas, y hablabas, y los árboles
oían, arrobados, tus palabras,
y los ciervos bebían de la fuente
de tu voz cristalina, y las estrellas
del firmamento nos hacían guiños
de luz en medio de la oscuridad.

NOCHE DE REYES

Gacela rubia,
vente conmigo
a la pradera
que baña el río.

Vente conmigo,
gacela blanca,
ven a los prados
de mi esperanza.

Ven de lo oscuro
del subterráneo
y tráeme el alba
con tus abrazos.

No te extravíes,
gacela mía.
Si tú te pierdes,
me moriría.

Ven por desiertos
de sed y arena,
ven por la ruta
de las tormentas.

Ven escoltada
de ángeles fieros:
pechos de bronce,
piernas de acero.

De aquellos ángeles
que en el conflicto
con Dios optaron
por el abismo.

En estos prados
que el agua baña
nos besaremos
hasta en el alma.

Con nuestros besos
despertarán
la luna tímida
y el sol galán.

Y en la pradera
que baña el río
nos amaremos
ad infinitum.

LETANÍA

De las muchas metáforas
que amplían y embellecen tus hechuras
(físicas y mentales y morales)
elijo hoy, variándolas *ad libitum*,
las que siguen. Espero que te gusten.

Espejo de vampira sin reflejo.
Manantial de belleza inextinguible.
Copa burbujeante de champán.
Orquídea que no deja de dar flores.
Jardín de haikus y de mariposas.
Casa de caramelo y chocolate.
Puerta del paraíso y del infierno.
Estrella que no muere con el alba.
Consuelo y desconsuelo de afligidos.
Embajadora del *amour courtois*.

Las letanías —y aquí pongo a Borges
como testigo— son productos del instante
y, por lo tanto, duran lo que dura
una sonrisa en un semblante adusto.
La de hoy no será la de mañana:
nunca te bañas en el mismo río.

ALA DE CISNE

Para Alicia

Había una mujer que, desde niña,
cuando iba a la playa con sus padres,
se pasaba los días y las horas
a la caza de conchas en la arena.
Esa mujer, hoy mismo, muy temprano,
bajó a la playa en busca de ejemplares
para su colección y tuvo suerte,
pues encontró una concha que imitaba
de manera perfecta la estructura
de un ala desplegada, no sabemos
si de cisne o de ángel. Cito al cisne
primero porque la coleccionista
adoraba los cuentos para niños
que Andersen, apodado «Ala de Cisne»,
vistió de soledad y de tristeza.
El caso es que no sé si aquella concha
era un ala de cisne (o sea, un ala
de Andersen) o el ala de algún ángel
que se ahogara en el mar. Me inclino más
por la primera opción. Pese a que Hawks
sostuvo que los ángeles tenían alas,
no existe un solo texto en la Escritura

que avale esa creencia. De manera
que la concha extraída de la playa
era un Ala de Cisne, o sea, un Andersen
que, transformado en concha, había venido
a traer muchos besos a su actual
propietaria de parte del Soldado
de Plomo, de la Reina de las Nieves,
de los Cisnes Salvajes, del Patito
Feo, de la Princesa del Guisante
y de la Sirenita, entre otros muchos
personajes que tantas emociones
y tanto amor le habían regalado.

VARIACIÓN SOBRE UN POEMA DE AMOR DE BRECHT

He sido muy feliz contigo en esta vida,
disfrutando del tú que extrajera don Pedro
Salinas de su amada. De ese tú delicioso
que ha reinado en mi mundo a lo largo del tiempo.
Y amándote, ese Tiempo llevaba T mayúscula
como el Tiempo del mito: empezó en el Medievo,
en nuestro siglo XII particular, y fue
pasando lentamente, sin que hubiera un momento
—ni tan solo un momento— en que no transcurriese
libre del menor síntoma de ansiedad o de miedo.
He sido tan feliz contigo, más allá
de las palabras cursis y los torpes silencios,
que creo que ha llegado la hora de irnos juntos
no sé si al cuarto, al séptimo o al enésimo cielo.
Y tú piensas lo mismo. De modo que ¡adelante!
Solo hay que decidir quién dispara primero.

HIC SVNT DRACONES

HIC SVNT DRACONES

Para Inés

En los globos y mapas de otros tiempos
solía aparecer en las zonas ignotas,
precariamente cartografiadas,
la advertencia en latín *Hic sunt dracones.*
Esos dragones eran el trasunto
de los fieros y enormes dinosaurios
del Mesozoico, aquellos terroríficos
reptiles que han quedado en nuestros cuentos
como custodios de un tesoro oculto
o habitantes de mundos olvidados.
Si pienso en los dragones más famosos,
el primero que viene a mi memoria
es Fáfnir, al que da muerte Sigfrido
en el poema de los Nibelungos.
Luego vendría Fújur, el Dragón
de la Suerte en *La historia interminable.*
El tercero sería Smaug, el último
de su especie en *El hobbit*, y, después,
los hijos adoptivos de Daenerys
Targaryen en *Canción de hielo y fuego.*
El quinto, el que aparece en un rincón
de mi libro *Por fuertes y fronteras*,

contraimagen feroz del unicornio,
que secuestra doncellas virginales
y acaba enamorándose de ellas.
Los sextos, los dragones que Anne McCaffrey
ubica en Pern, un universo mixto
de humanos y dragones. El siguiente
cerraría mi lista de *dracones*
improvisados y sería el monstruo
al que se enfrenta Jorge, un santo apócrifo
del que habla Jacobo de Vorágine
en *La leyenda de oro* y que se inspira
en el griego Perseo y se proyecta
en Ruggiero, el heroico personaje
del *Orlando furioso.* Y en San Jorge
me detengo, y concluyo que no hay duda
de que en el subconsciente de los hombres
habrá siempre dragones, descendientes
de los saurios terribles del Jurásico.
Nuestra imaginación los necesita.
Sabemos, además, dónde se encuentran
por los mapas y globos de otros tiempos.

VERIFICACIÓN METEMPSICÓTICA

Para Álvaro

Me reencarné, no sé por qué motivo,
en legionario anónimo de una de las legiones
—la que se ha hecho famosa como «legión perdida»—
que, bajo el mando del triunviro Craso,
fuera severamente derrotada
en Carras, al sudeste de Anatolia,
por el parto Surena.
Hasta diez mil romanos
caímos prisioneros en aquel día infausto
y treinta mil perdieron la vida en la batalla.
De los diez mil cautivos,
muchos pertenecíamos a la «legión perdida»,
y se nos ofreció la libertad a cambio
de frenar el empuje de los hunos,
que habían ingresado ya en la Historia
y competían duro con los partos
en la frontera norte de su imperio.
Solo recuerdo de mi nueva vida
cabalgadas insomnes por caminos
de huesos calcinados y cabezas cortadas.
Pero el hecho es que fui un legionario anónimo
de la «legión perdida» que acabó combatiendo

contra las hordas hunas a orillas del río Oxus.
Como superviviente soy, por tanto, testigo
de que las viejas crónicas chinas de época Han
son la única fuente veraz para saber
qué fue de la espectral «legión perdida».

BEOWULF Y GRÉNDEL

Los anglos y sajones que invadieron
la Britania de Arturo eran heraldos
de la epopeya mítica de Beowulf.
¡Bendito el invasor si trae consigo
historias como esa!
He regresado a *Beowulf*
en su versión primera en castellano
y me ha asaltado el vértigo de siempre
ante un cantar de gesta que plantea
el terrible combate primigenio
que libran Bien y Mal a todas horas.
Y ese vértigo viene de la duda
que la lectura de *El extraño caso*
del Dr. Jekyll y de Mr. Hyde
sembró en mi alma cuando devoré
un relato tan desasosegante.
Desde que lo leí, tiempo después
de que leyera *Beowulf*, no distingo
con nitidez lo bueno de lo malo
y estoy seguro de que nuestra especie
no es más que una lamentable tribu
creada por los dioses del abismo
para fundir en uno al héroe Beowulf
y a Gréndel, su infernal antagonista.

DURANDARTE

Rolando, a quien se suele
llamar Roldán en castellano, vuelve
a mi vida (si vuelve lo que nunca
se fue). Y vuelve con fuerza este verano
a defender su muerte ante las hordas
sarracenas, después de pelear
como un león herido,
negándose a tañer el olifante
a su debido tiempo y dedicando
a su mítica espada las palabras
últimas de su vida.
Hace cincuenta
años me parecía un desatino
—lo escribí en un poema—
que Rolando pensara en una espada
y no en Alda, su novia,
poco antes de morir.
Medio siglo más tarde,
pienso que hizo muy bien.
Nada ni nadie puede compararse
con una espada como la del héroe
caído en Roncesvalles. Una espada
tinta en sangre enemiga y con un nombre
tan sonoro, tan claro, tan bruñido
como el de Durandarte.

ALDA

Y, sin embargo, Alda, vida mía,
amor mío, mi dueña, mi señora,
qué fue de ti cuando marchó Rolando
al reino de la muerte. No supiste
cómo asumirlo: tan enajenada
te sentías por él y para él.
Y no tenías una Durandarte
que te hiciese olvidar por un momento
lo que soñaste del azor y el águila
aquella tarde en que la dulce música
interpretada por tus camareras
te arrojó en brazos de una pesadilla
que se convertiría en realidad.
Despierta de ese sueño. Tu amadísimo
novio, en lugar de dedicarte a ti
sus últimas palabras,
las dedicó a su espada. No merece
tus lágrimas. Olvídalo del todo
y bórralo del mapa de tu vida.
Habla el romance de trescientas damas
parisienses a tu disposición,
muy guapas, jovencísimas y locas
por complacerte con sus instrumentos

(en su sentido menos musical).
Disfruta de tan grata compañía:
tienes dónde elegir.

LIBROS CONQUISTADORES

Para Ana Moure

¿Qué leían los bravos españoles
que se fueron a América a comienzos
del siglo XVI? Fácil respuesta:
leían libros de caballerías.
De esos libros plagados de batallas
y del ejemplo de sus invencibles
personajes sacaron los redaños
para ganar imperios
con un puñado de hombres
frente a muchos millares de enemigos.
Eso demuestra que leer no es solo
un vicio placentero y solitario,
sino un arma letal cuando se esgrime
para llevar a cabo una conquista.

BOECIO Y LA FILOSOFÍA

BOECIO Y LA FILOSOFÍA

Para Emilio del Río

Después de una lectura minuciosa
del *De consolatione Philosophiae*
de Boecio me da la sensación
de haber vencido el miedo para siempre
(del pánico no hablemos) y, a la vez,
de haber dejado atrás toda esperanza.
Es lo que tiene la Filosofía.
Cuando el hombre, esa «caña pensadora»
según Pascal, se acerca a ella en medio
de la desolación acostumbrada,
pasa lo que pasaba con el vino
en palabras de aquel mordaz portero
del *Macbeth* shakespeareano: que estimula
el fuego del deseo, pero impide
su ejecución. Sobreponerse al miedo
implica un subidón de adrenalina
tal que altera y perturba nuestro espíritu
y, olvidando el sermón de Benarés,
nos catapulta en brazos del deseo.
Luego llega la cruda realidad
a colocarnos en nuestra casilla
y hace que recalemos *velis nolis*

en el reino de la desesperanza
(que tampoco es tan grave si se asume
desde barrera escéptica y estoica
y epicúrea a la vez, tal como hiciera
en sus *Ensayos* el genial Montaigne).

El caso es que Boecio, denunciado
por algún envidioso de conjura
probizantina en contra de su rey,
fue alojado por tiempo indefinido
en una celda oscura de Pavía.
Fue allí donde, ignorante de la suerte
que iba a correr, cercado por la angustia,
chapoteando entre las inmundicias,
recibió la visita inopinada
de la Filosofía con mayúscula.
De la conversación que mantuvieron
ella y él surgirían cinco libros
que transcribió el *magister officiorum*
(que no era poca cosa) de la Corte
del ostrogodo Teodorico en Rávena.
Boecio pinta a la Filosofía
como una dama de ojos penetrantes
y busto generoso, con las ropas
desgarradas por un desaprensivo
carcelero que quiso abusar de ella
y lo que consiguió fue conferirle
una capacidad de seducción
mucho mayor que la que le otorgábamos
antes de hacer su entrada en la mazmorra.

No sabemos qué fue de los fragmentos
de tela que cubrían, estratégicos,
el deseable cuerpo de la dama:
si crecieron en fragmentariedad
o si se mantuvieron impolutos.
Sí sabemos que Dante, muchos siglos
después, se consolaba de la muerte
de Beatrice con el *opus magnum*
escrito por Boecio en una celda
oscura de Pavía, poco antes
de ser decapitado.

SUEÑO DEL ERMITAÑO Y DEL VIAJERO

Se plantó en la mismísima puerta del Otro Mundo,
sabiendo que por ella se llegaba al infierno.
Vio a Cerbero ladrar después de olfatearlo,
de modo que echó mano del arma que llevaba
escondida en el pecho y le descerrajó
un tiro en cada hocico babeante. La puerta
se entreabrió y, de repente, apareció un anciano
barbudo tipo Gandalf (o, más bien, Panorámix),
y dijo en lengua céltica lo que sigue al viajero:
—¿Qué has hecho, desgraciado, con el mítico can
que custodia el país de los muertos? ¿Qué buscas
más allá del espejo, donde los celtas somos
tan felices a fuerza de soñar con los mitos?
—Me dirijo al infierno. Quiero enfrentarme al Mal.
Me han dicho que el camino al mundo subterráneo
inevitablemente discurre por aquí.
Ese maldito perro comenzó a olisquearme
y me puso nervioso, tanto que lo maté.
Y en ese mismo instante apareciste tú.
—No vayas al infierno. Es inútil luchar
contra el Mal. Nadie puede vencerlo. Quédate
conmigo, en mi cabaña. Puedo inspirarme en Lulio,
ejercer de ermitaño y enseñarte las normas
de la caballería, que es la mayor empresa

que ha acometido el hombre a través de los siglos.
Testigos de su paso por la literatura
son Arturo, Rolando, Tirante, Don Quijote,
Agrajes, Amadís, Florestán, Galaor…,
la flor y nata, en fin, de la caballería
andante, una invención que nunca morirá.
Soñar es estar vivo y estar muerto a la vez
en el único mundo que merece la pena:
el mundo de los mitos. Mira cómo Cerbero
se incorpora. No ha muerto. Las balas nada pueden
contra los mitos. Deja de pensar en tu lucha
contra el Mal y en los tristes salones del infierno.
Quédate en esta choza conversando conmigo
hasta el fin de los tiempos, cuando Dios nos convoque
al Juicio Universal.

SUEÑO DE GIMFERRER

Pulsé el botón de un piso inexistente
y besé a Nelly nada más cerrarse
las puertas claustrofóbicas de aquel
ascensor iniciático. Flotábamos,
levitando en el aire enrarecido
de la cabina que nos albergaba,
y flotar era entonces nuestra única
urgencia. Continuamos nuestro viaje
hasta que me di cuenta de que el mar
amnïótico donde nos besábamos
se había convertido en una hoguera
donde ardían los restos de un caudillo
vikingo. Pese a todo, continué
besando a Nelly, con los pocos restos
que me quedaban de respiración.
El ascensor, entonces, bruscamente,
se detuvo. Sus puertas se entreabrieron.
Miré a mi alrededor: Nelly no estaba
y de la hoguera no quedaba rastro.
Frente a mí solo había una cabina
telefónica y, dentro, Gimferrer.

DROGAS SAGRADAS

Todo lo que ha inventado el ser humano
para eludir la muerte y prolongar
su presencia en el mundo hinca raíces
en la Naturaleza, donde se hallan
los psicotrópicos y los enteógenos
que convierten en dioses inmortales
(por un rato) a los hombres y mujeres
que consumen sustancias de ese tipo.
Los agnósticos piensan que el origen
de cualquier religión podría estar
en el descubrimiento de otro mundo
que no solo está hecho de materia,
sino de la inconsútil e ilusoria
tela con que se tejen nuestros sueños.
Las drogas te dan paso a ese otro mundo.

Gilgamesh parte en busca de una de esas
drogas, de la más dura y deseable:
la planta de la eterna juventud.
Viaja en su busca hasta el confín del mundo,
donde vive Utnapishtim, que es el único
superviviente del diluvio, el único
que conoce el secreto de la inmortalidad.
Gilgamesh le reclama la planta y Utnapishtim

se la entrega, y el héroe, con la droga sagrada
en las alforjas, vuelve grupas y, satisfecho,
pone rumbo hacia Uruk.

Las drogas te convierten en un dios mientras duran
sus efectos. Mas cuando estos desaparecen
asoma la cabeza la cruda realidad.
En el caso de Gilgamesh, la serpiente devora
la planta mientras él se está bañando
y ya no quedan *dealers* a los que recurrir.
Los cristianos, en cambio, no precisamos drogas.
Nuestra inmortalidad es la visión eterna
de Dios. Basta leer el *Paradiso*
con que Dante culmina su *Commedia.*

TERROR SIMBIÓTICO

Yo era un niño. El Terror acampó entre las plantas
del jardín del vecino y vino a saludarme
y a pedirme permiso para jugar conmigo
como un colega más. Había tanto *feeling*
aparente entre ambos que lo invité a dormir
en casa de mis padres, y desde aquel momento
vivimos siempre juntos en perfecta simbiosis,
tal y como la actinia y el paguro en el mar.

Han pasado los años con sobrecogedora
rapidez, y él persiste en inundar mis sueños
de horrendas pesadillas e insufribles angustias.
Mientras, el tiempo va muriendo entre mis brazos
y nuestra relación se vuelve cada vez
más íntima y profunda, y más irrestañables
las heridas forjadas en la fragua del pánico,
en el crisol maldito de la desesperanza.

EL CALÍGRAFO Y EL EUNUCO

A Teodosio II, hijo de Arcadio,
emperador en la Constantinopla
del siglo v, en guerra con los persas
y los hunos, y en hondas discusiones
con Nestorio y Eutiques, lo sedujo
desde que era pequeño el noble arte
de la caligrafía, convirtiéndose
en un gran pendolista, muy loado
por sus contemporáneos. Uno de ellos,
el eunuco Crisafio, algo más joven
que él, fungió de favorito suyo
y nos cuenta Malalas en su crónica
que también como amante. No sabemos
si lo fue, pero el caso es que el calígrafo,
atento solo a sus caligrafías,
dejó el poder en manos del eunuco
por amor o por mero aburrimiento,
y este lo hizo tan mal de gobernante
que faltó poco para que las hordas
mongólicas de Atila conquistaran,
mil años antes que los otomanos,
el *Reich* de los mil años (este sí,
no el de los nazis), el incombustible
y fascinante Imperio Bizantino.

SHAKESPEARE Y NEBRIJA

ELIO ANTONIO DE NEBRIJA ABANDONA SALAMANCA PARA NUNCA VOLVER

Pese a sus muchos años, casi son ya setenta,
Elio Antonio Martínez de Cala y de Xarana
oye nítidamente de labios de un ujier
ese nombre de pila que había ya olvidado,
convocándolo a unas duras oposiciones
de Prima de Gramática en la ciudad del Tormes.
Tres candidatos optan a esa preciada cátedra:
Herrera el Viejo, un tal García del Castillo,
recién llegado al ruedo de la Filología,
y el maestro Elio Antonio de Nebrija, firmante
de una excelsa *Gramática de la Lengua Española*
(entonces *Castellana*), impresa en Salamanca
el mismo año glorioso en que Colón llegó
a América buscando las Indias Orientales.
Incomprensiblemente, García del Castillo
obtiene mayoría de votos, y la cátedra
es para él. Nebrija, dolorido, humillado,
parte para Alcalá de Henares, donde el viejo
y astuto cardenal Cisneros le concede
cátedra de Retórica en la nueva *alma mater*
recién creada a orillas del Henares, no lejos
de la romana *Complutum* (de ahí lo de «complutense»).
Y es allí, en Alcalá, rodeado de gloria,

discípulos y amigos, donde rinde su alma
a Dios un 2 de julio del año del Señor
vigesimosegundo del siglo XVI.

¡Qué tropelía aquella tan universitaria!
El genial Elio Antonio, siguiendo esa costumbre
de castigar al genio tan injusta y tan típica
de nuestros pagos, tuvo que padecer en carne
propia la humillación de verse postergado
en la ciudad que tanto quiso, de donde era
su esposa, donde habían nacido sus seis hijos.
Cuando reina el talento, surge siempre la envidia,
y eso es lo que ocurrió. (Yo me ciño tan solo,
como Guillermo Brown, a hacer constar un hecho
en el quincentenario del maestro Nebrija).
Abundan las historias que podrían contarse
parecidas. De muestra, valga hoy este botón.

SHAKESPEARE,
SONETO LXXI EN CINCO VERSOS

Si lees este poema, cuando yo ya esté muerto,
no recuerdes la mano que lo escribió, amor mío.
Porque te quiero tanto
que, si pensar en mí te roba la alegría,
prefiero que me olvides del todo y para siempre.

SHAKESPEARE Y GOETHE

Departiendo con Eckermann,
Goethe le manifiesta su convicción profunda
de que la obra de Shakespeare
no es el fruto amoral de un torvo nihilista
—como Tolstói defenderá más tarde—,
ni un desfile de muertos salidos de sus tumbas
que muestran sus heridas con amargura y rabia,
sino la obra de un hombre
«sano y fuerte de cuerpo, fuerte y libre de espíritu»,
que mira lo que pasa en el mundo y lo cuenta.

POLIAMOR

Hay una ley que prescribió hace tiempo,
gracias a Dios: que una mujer no deba
ser más que de un marido o un amante,
y que tan solo pertenezca a un hombre.
Lo he leído en John Donne: «¿Quién arma un barco
sin rentabilizarlo en el comercio?».
Lo bueno no es tan bueno hasta que muchos
dan fe de su bondad. La monogamia
todo lo agosta, todo lo marchita.

DOLCE FAR NIENTE CELESTIAL

¿Estás muerta, mi amor, o sigues viva?
¿Te ha devorado Crono,
como hizo con sus hijos?
Tan dura ha resultado la experiencia
que no sabes si ha sido
un salto hacia la muerte
o un paso de ballet
lo que acabas de perpetrar.
Si has cruzado el espejo,
manifiéstate,
que yo también me apunto al sacrificio
con tal que nuestras almas vivan juntas,
felices, sin dar golpe,
en presencia de Dios.

CORUM EN LA *MOVIDA* MADRILEÑA

Para Ampa Nieto y a la memoria de Paco Arellano

En aquel tiempo, a fines de los años setenta
del siglo xx, había océanos de luz,
ciudades en el cielo y monstruos voladores
de bronce. Y en las vastas praderas carmesíes
pastaban unos toros de color rojo intenso,
más altos que castillos. Y había criaturas
vampíricas bañándose en piscinas de sangre.
Era un tiempo en que el dios supremo y sus esbirros,
los dioses inferiores, vivían aquí abajo.
Un tiempo de gigantes que emergían del fondo
del mar dando alaridos en busca de carroña
para sus fantasías obscenas, y de horrendos espectros
que se te aparecían en noches como esta
para turbar tu sueño. Era el tiempo sublime
en que, a pesar de tantos amigos entregados
al arte de morir por medio de las drogas,
no existía la muerte, y el dolor se hermanaba
con el placer, y el hombre —o sea, el que suscribe—,
cada vez más esclavo del miedo, lo vencía
con dos palabras mágicas: juventud y locura.

POLÍPTICO DEL PRADO

ELOGIO DE LA PINTURA LITERARIA

Para Alfredo Arias

Para mí la pintura es la historia que cuenta,
no el escorzo, el color, la técnica pictórica,
la textura, esas cosas a las que se refieren
en sus doctos trabajos los expertos en arte.
Me gustan, sobre todo, los cuadros que suscitan
en mí las emociones que provocan las viejas
epopeyas (ya saben: la *Ilíada* de Homero,
la *Eneida* de Virgilio, la *Canción de Rolando*,
el *Beowulf*, el *Cantar del Cid*, los *Nibelungos*...)
o las grandes novelas, sus fieles herederas
(y aquí Dickens y Tolkien, Melville, Galdós y Stevenson,
entre otros muchos nombres). Le pido a la pintura,
por tanto, que me cuente una historia en imágenes,
como hacían en Grecia y en Roma los sofistas
en sus series de *Eikones* de corte mitológico
(y aquí los dos Filóstratos para corroborarlo).

MANTEGNA,
EL TRÁNSITO DE LA VIRGEN

Para Genoveva de Cuenca

Belliniano y bellísimo, lo eligió Eugenio d'Ors
como cuadro a salvar de un incendio hipotético
en el Museo del Prado. Es puro surrealismo
(como lo es también Piero della Francesca,
de quien, para desdicha nuestra, nada tenemos
en el Prado). Felipe IV se hizo con él
cuando se subastaron los bienes del rey Carlos
I de Inglaterra, a mediados del siglo
XVII. Desde esa fecha *El tránsito* nutre
nuestra imaginación, fecunda nuestro espíritu
y nos hace soñar con nuestra Madre eterna.

BOTTICELLI,
HISTORIA DE NASTAGIO DEGLI ONESTI

Para Joaquín Leguina

Mi siguiente elección serían los tres cuadros
que Sandro Botticelli y su taller dedican
(junto con una cuarta tabla, que está en Italia)
a ilustrar una historia narrada por Boccaccio
en el *Decamerón*. Son tres maravillosas
viñetas que nos cuentan un cuento con final
feliz, ya que la dama termina concediendo
la mano a su galán (aunque antes asistamos
a la fantasmagórica y feroz cacería
que se plasma en las tablas). Un ejemplo de écfrasis
para la eternidad este de Botticelli,
mi pintor favorito, el dueño de la línea
que convierte en pintura la esencia neoplatónica
y nos conduce al reino perpetuo de la Idea.

DURERO,
ADÁN Y *EVA*

Cómo son estos dos formidables retratos
que Durero pintó en 1507
y que nos hacen ver, enteros y desnudos,
a los primeros padres de nuestra especie. Cómo
iluminan el mundo a fuerza de belleza,
y más ahora que han sido restaurados
de manera impecable. Me fascina Durero
desde mi adolescencia, cuando visité en Núremberg
su casa natal y descubrí que eran copias
del *Adán* y la *Eva* del Prado las que había
allí. Padecí el síndrome de Stendhal paseándome
por la casa que fuera del mejor grabador
y pintor alemán, autor de *El Caballero,*
la Muerte y el Diablo y de *Melancolía*,
dos muestras admirables de su genialidad
que, junto a *Adán* y *Eva*, son para mí la síntesis
de aquel Renacimiento que aún vive en nuestras almas.

BRUEGHEL EL VIEJO,
EL VINO DE LA FIESTA DE SAN MARTÍN

Para María de Cuenca

De adquisición reciente, *El vino de la fiesta*
de San Martín fue objeto de una restauración
minuciosa, en el curso de la cual fue encontrada
la firma del artista brabanzón. No hay, pues, dudas
respecto a su autoría. El tema es el desmadre
que el 11 de noviembre, día de San Martín,
se produce en el medio rural, con la cosecha
terminada y el vino rebosando en las cubas
después de la vendimia. El gentío se agolpa
en torno a un gigantesco tonel de donde mana
el licor de Dioniso que hace olvidar la muerte
(esa muerte que triunfa en el otro gran cuadro
de Brueghel en el Prado), y la turba compite
por ver quién se emborracha más y mejor. Sus rostros
son los de hombres de entonces, pero también los de hoy
y de mañana: estirpe que un Dios antojadizo
creó a partir del caos y la basura cósmica,
y que repta y se arrastra por el tonel de Brueghel
en busca de la droga nuestra de cada día.

PATINIR,
EL PASO DE LA LAGUNA ESTIGIA

Para Enrique Baquedano

De niño, en mis primeras visitas al Museo
del Prado, me impactó de manera especial,
junto a la obra del Bosco, esta lección de *fantasy*
del genial Patinir: una auténtica *summa*
de narrativa *pulp*. Por no hablar de la forma
en que fuera pintado, de sus maravillosos
azules, de los verdes que circundan la tabla,
del infierno que acecha al otro lado, con
Cerbero preparando sus insaciables fauces
para engullirnos una y otra vez de un bocado
a todos por los siglos de los siglos. Amén.

ÍNDICE

HIC SVNT DRACONES

BOECIO Y LA FILOSOFÍA

SHAKESPEARE Y NEBRIJA

POLÍPTICO DEL PRADO

Esta primera edición de *Ala de Cisne*
se acabó de imprimir en Madrid
el 23 de abril de 2025,
Día del Libro.